諷詩調詩集 · 433

도치통사초 · 3

박진환 제479시집

지성.감성의 메타언어
조선문학사시인선.924

諷詩調詩集 · 433
도치통사초(刀治痛史抄) · 3

조선문학사

■ 책머리에

여러 궁리 끝에 시집 제목을 『도치통사초(刀治痛史抄)』로 정했다. 도치(刀治)는 칼로 다스린다 함이니 검찰공화국의 통치쯤이 된다.

정치의 상치(上治)는 도치(道治)나 덕치(德治)쯤이 되고, 하치는 도치나 부치(斧治)와 같은 권력으로 다스리는 것쯤이 된다.

지금 우리는 목하 도치나 부치시대 통치의 다스림 속에서 살아가고 있다. 일종의 힘에 의해 다스림을 수용해야 하는 피지배하쯤이 된다.

소이로 해서 통치라고 하는 시대의 삶을 살아야 하고 그러한 지배하의 삶의 비통한 아픈 현실을 통사(痛史)라고 해둔다.

이를 한마디로 뭉뚱그리면 칼로 다스림을 당하는 아픈 역사의 삶을 '도치통사'라 할 수 있고, 이중 소용될 만한 것을 골라 시로써 읊은 것이니 '도치통사'에 초(抄)를 곁들인 것쯤이 된다.

풍시조는 순수한 통징을 시의 생명으로 하는 악에 대한 고발로서 악의 개선을 통해 선에 이바지하려는 복수의 시쯤이 된다. 일종의 문화적 징벌이자 예술적 엄징으로서 악에 가하는 문화적 통징인 셈이다.

소이로 해서 겉으로는 강한 공격성을 드러내고 있으나 안으로는 선을 일으켜 세우려는 따뜻한 애정에서 시를 출발시킨 것이 된다.

이번 풍시조시집 『도치통사초』는 490번째 시집이 된다. 앞으로 10권만 더 추가하면 내 시의 마스터플랜인 500권의 시집을 완간하게 된다.

개선(改善)의 의도가 시 정신인 풍시조 『도치통사초』가 사회적으로 유용한 것이 되어 악을 일깨우고 선을 일으켜 세우는 데 보탬이 됐으면 싶다.

2024년 초추
저자 씀

박진환 제479시집 / 諷詩調詩集 · 433

도치통사초 · 3

차례

책머리에 / 5

2024년 5월 5일
만원사례여서 / 13
갈 곳이 없네 / 14
안 받아줘서 / 15
이 말씀이지 / 16
정치장이 상대 안 되지 / 17
체험하거든 / 18
지니고 있던 감동까지 달아나 버리지 / 19
맞소, 맞아 / 20
효과 만점이어서 / 21
도치부치(刀治斧治) / 22
그리움이란 삼밭에 / 23

2024년 5월 6일
몰아낼 수 있어서 / 24
그러하지 않던가 / 25
했던가 / 26

끝이 돼서 / 27
못 면했던 것을 / 28
필사적인 소이다 / 29
맥락 잇대일 수 있을 듯 / 30
악을 주었지 / 31
소이가 그래 / 32
그런 세상은 없어 / 33
소이다 / 34
?이 열쇠구멍이냐? 자물통이냐? / 35

2024년 5월 7일
하이에나가 따랐단다 / 36
예나가 먹힌 셈 / 37
상것들 아니던가 / 38
몽둥이세례 못 면해 / 39
목 못 자른 것 / 40
빗대어 이르는 말 / 41
삶에의 회의 아니던가 / 42
? / 43
나뉘져서 / 44
항목을 빼버렸던 게야 / 45
넣을 사전도 없지만 / 46
피조물인 게야 / 47

2024년 5월 8일
학과 더불어 살라 하시네 / 48
함께 사네 / 49
되는 것을 / 50
없어서 / 51
관심 있겠나 / 52
당초 평등하지 않았던 소이야 / 53
평등 운운한 게야 / 54
망국병이지 / 55
다 행복해져 / 56
설명 누군 못 하나 / 57
주례사 못 면해서 / 58
허사로 끝나지 않을 수가 없음이다 / 59

2024년 5월 9일
소이라니 / 60
질서인 것을 / 61
뭐만 보인다더라 / 62
그 이하면? / 63
뿐이어서 / 64
투항을 받아들이거든 / 65
그래 / 66
서로 차지하러 들어서 / 67
노(櫓)로도 사용될 수 있어서 / 68

다르지 / 69
한 수 위인 / 70
시법 상으론 그래 / 71

2024년 5월 11일

되레 고마움을 배우게 했다 / 72
가까워질 것인가 / 73
비의(秘意)로 말함 아니던가 / 74
예술인 것을 / 75
다르지 않다는 것을 / 76
시는 망했다 / 77
맹물인 소이다 / 78
허니 폐업이 최선 / 79
어이쿠 시시해 / 80
변(便) 취급을 당한 변자라서 / 81
드러내야 한다 / 82
언어의 용법이다 / 83

2024년 5월 11일

하늘의 별 따기다 / 84
도려내서 / 85
순수한 징벌이기 때문 / 86
소이다 / 87
없어서 / 88

짓다지 / 89
같어 / 90
소이야 / 91
소이지 / 92
이름함이야 / 93
소이가 그래 / 94
반시(反詩) 돼 / 95

2024년 5월 12일
학에 띄워 보낸다 / 96
주말이 더 바쁜 삶들이다 / 97
세상살이인 셈이다 / 98
즐기며 산다 / 99
여유도 없다 / 100
분수 밖이다 / 101
일한다 / 102
탓인들 하겠는가 / 103
죽지 못해 사는 것이지 / 104
고역 아닐지 / 105
즐거운 일이지 / 106
즐거운 삶 아니던가 / 107

2024년 5월 13일
충격을 체험하게 했다 / 108

시적 긴장이 이완됐다 / 109
맛을 지녀야 할 것 같다 / 110
같다 / 111
풍시조의 리듬이고 맛이다 / 112

■ **시집 평설을 대신해서_諷詩調에 대한 사계의 견해**
三行詩의 안팎_문덕수 / 113
知的調律에 의한 시 意味의 密度와 結晶度_성찬경 / 122
諷詩調의 깃발과 風向_김용직 / 128
박진환의 3행 '諷詩調'에 대하여_최원규 / 131
풍시조 읽기_문효치 / 136
諷詩調에 나타난 형이상시법의 수사법_최규철 / 140

2024년 5월 5일

만원사례여서

어린이날이다. 마음을 고쳐 어린애처럼 되지 않고서는 천국에 들어가지 못할 것 했던데, 그럴까? 늙으면 어린애가 된다더니 그래서였구나, 죽으면 천당에 가려고, 헌데 만원사례여서

갈 곳이 없네

시인은 어떨까? 하도 못 볼 것을 많이 봐서 오염도 상오염 천국에서 받아줄까? 거기다 거짓말하는 특권까지 가졌으니 아무래도 그리는 안 될 듯, 헌데 지옥에서는 안 받아서, 갈 곳이 없네

안 받아줘서

천당에도 지옥에도 못가면 갈곳은? 천당이지, 왜냐고? 거짓말쟁이의 목표는 단순히 기쁘하게 하는 것이며 기쁨을 주는 것, 허니 '기쁘하게' 하고, '기쁨'을 주니 천당행이지, 염라대왕은 안 받아줘서

이 말씀이지

시인이 하는 거짓말이란 게 남을 속여 죄를 짓는 그런 거짓말이 아니라, 참말로는 할 수 없는, 참말에서 맛볼 수 없는 즐거움을 주기 위해 꾸민 거짓말이거든, 허니 사회적으로 유용하다 이 말씀이지

정치장이 상대 안 되지

해서 정치장이 거짓말과는 본질도 차원도 다르지, 해서 거짓말하는 특권을 가진다는 게 거짓말로 참말로는 할 수 없는, 참말에서는 맛볼 수 없는 감동을 체험하게 한다 이거거든, 정치장이 상대 안되지

체험하거든

거짓말을 꾸며서 밥 먹듯이 하고 살다 죽으면 어디로? 천당 천당에는 참말만 하다 간 사람들이 많아서 심심하거든, 거짓말 하는 시인이 가야 참말로는 체험하지 못할 즐거움을 체험하거든

지니고 있던 감동까지 달아나 버리지

알았제, 뭘 알지도 못하면서 시가 이렇고 저렇고, 까불고 있어
허긴 참말보다 더 재미없는 상식 이하의 말을 해놓고 시라고?
허니 감동은커녕 시시해서 지니고 있던 감동까지 달아나 버리지

맞소, 맞아

천상의 기쁨은 소박하다, 거기에는 평화가 넘치고 있기 때문
평화란 게 행복을 기대하지 않는데 있다 했던데, 행복에의
기대 없어야 평화라면, 행복의 상위개념이 평화란 뜻, 맞소, 맞아

효과 만점이어서

평화가 전쟁보다 좋은 이유를 평시에는 자식들이 아버지를 매장하고 전시에는 아버지가 자식들을 매장하기 때문 했데, 새겨 볼만 평화보다 불행을 강조함으로써 평화를 강조한 효과 만점이어서

도치부치(刀治斧治)

격화소양이라 했던가, 노력에도 효과가 미미함을 이름 아니던가
일이란 게 노력 이상의 효과를 볼 수도 있고, 노력의 대가에 미치지
못하는 경우도 있어서, 도로(徒勞)란 게 그래, 예를 든다면 도치부치

그리움이란 삼밭에

밖에는 늦은 봄비, 마음에는 이른 우계의 장맛비다, 장맛비에 웃자라느니 쑥대밭, 내마음의 쑥대밭에도 그리움이란 쑥대 싹다투어 오르겠네, 쑥도 삼밭에서 자라면 스스로 곧듯이 그리움이란 삼밭에

2024년 5월 6일

몰아낼 수 있어서

바깥세상 캄캄하지만 내 할 일 있어 마음의 등 켜고 있거니
되레 어둠에 둘러싸인 울타리 안이 더 밝아서 좋다
더 좋은 것은 밝힌 등 발광으로 안의 어둠 몰아낼 수 있어서

그러하지 않던가

그늘 먹고 자란 것은 드러낼 수 없는 감추고 있는 것들
밝음 피해 숨어 살며 그늘 뒤집어쓰고 사는 것들, 음습의
빛의 거부가 생존 조건이 되는 곰팡이가 그러하지 않던가

했던가

곰팡이 슬면 부패하기 마련, 부패하면 구더기 슬고
냄새가 나며 썩기 마련, 권력은 부패한다 했던가
따라서 절대 권력은 절대적으로 부패한다 했던가

끝이 돼서

인생은 죽음과 부활을 되풀이하는 변증법칙을 지닌다
죽으면 태어나고 태어나면 죽는 새끼줄 꼬기를 반복한다
새끼에 맨돌 신세 못 면하는 소이가 끊기면 끝이 돼서

못 면했던 것을

사람이나 물건가운데서 가장못된 찌꺼기를일컫는 쩨마리란말이있다
일종의 불용물(不用物)이다, 선거판 보니 방귀깨나 뀌는 분들
불용물 못 면하시던데, 거취적중의 쩨마리 신세도 못 면했던 것을

※ 거취적중(去取敵中) : 취사선택하여 알맞도록 함.

필사적인 소이다

사람은 이 세상에 아무렇게나 버려진 존재라던가, 유식하겐 피투존재(被投存在), 존재란 우연과 필연의 양극 사이에 낀 중간물 우연이 필연에 연결되기 위한 합법칙성에 필사적인 소이다

맥락 잇대일 수 있을 듯

인간이란 필요에 직면하지 않는 한 선을 행하지 않는다, 허면
필요 충족 조건이 선, 필요하지 않다면 악을 행한다?
필요는 폭군의 특권이란 말, 폭군과 악의 맥락 잇대일 수 있을 듯

악을 주었지

선은 우리들에게 선을 사랑하게 하기 위하여 양심을, 선을 알게 하기 위하여 이성을, 선을 선택시키고자 자유를 주었다 허면 선을 행하게 하기 위해선 무엇을 주었나? 악을 주었지

소이가 그래

정답 같기도 하고 아닌 것 같기도 한 선악의 관계
악이 먼저였을 듯, 해서 선으로 하여금 악을 멀리하게 하기 위해
선을 주었을 듯싶어서, 선이 악의 등에 업혀 길러진 소이가 그래

그런 세상은 없어

불행이 없었다면 행복도 필요 없었을 듯, 불행하지 않는데
행복이 무슨 소용; 행복도 불행도 필요 없는 세상이면?
천국? 파라다이스? 꿈 깨, 그런 세상은 없어

소이다

신은 존재한다, 다만 실재하지는 않는다
실재하지 않으면서도 존재한다면 비유비무와 같이
있고 없고를 넘어선 것이다, 신이 초월의 존재인 소이다

?이 열쇠구멍이냐? 자물통이냐?

초인은 땅의 어머니여야 한다? 허면 하늘의 아버지는? 천상은 아버지가? 지상은 어머니가? 허면? 천상과 지상의 두 이미지는? 인간을 극복한 인간으로서의 초인은 ?이 열쇠구멍이냐? 자물통이냐?

2024년 5월 7일

하이에나가 따랐단다

공무원, 대학교수등 정년하면 그뒤엔 반드시 틈새노리는 무리들있지
어떻게 퇴직금을 빼먹을 것인가가 목적, 내로란 명사들이 노림수에
당한예가 한둘이아니어서, 보육원자립청년뒤에도하이에나가따랐단다

예나가 먹힌 셈

하이에나, 죽은 시체를 먹는 강폭한 짐승아니던가, 자립금 2천만원을 노린 하이에나가 결국은 청년의목숨을 앗아갔다, 짐승만도 못한놈의 세상이니 하이에나튼들 날뛰지 않겠는가, 하이에나에 예나가 먹힌 셈

상것들 아니던가

개만도 못한 놈의 세상에 개같은 놈이면 양반대접, 짐승만도 못한
세상에 짐승 같은 놈이어도 양반대접, 먹잇감은 상것들
양반 세상이란 게 지배계층, 피지배계층이 먹잇감 상것들 아니던가

몽둥이세례 못 면해

평등하다고, 언제부터? 나면서부터, 그건 법에서 하는 말이고 혈통에선 반상이 엄연해서, 상전 따로 있고 아랫것들 따로 있어 그 아랫것들이 상것들이거든, 평등 따졌다간 몽둥이세례 못 면해

목 못 자른 것

옛날엔 '몽둥이맛', '몽둥이세례', '몽둥이찜'이란 말 흔히 썼어
몽둥이로 다스리는 시대가 있었거든, 지금으로 치면 칼이나
도끼로 다스림과 비슷했지, 다만 다른 것은 몽둥이론 목 못 자른 것

빗대어 이르는 말

'따라지목숨', '파리목숨', '실낱같은 목숨'은 옛분들이
생명의 보잘것없음을 일컬었던 말들이다. 옛날뿐이던가
지금도 생명이란 어유부중과 같은 것을, 늘 죽음과 잇대어 있으므로

※ 어유부중(魚遊釜中) : 고기가 가마솥에서 노난다 함이니 목숨이 붙어 있다
할지라도 오래 가지 못할 것에 비유한 말

삶에의 회의 아니던가

취사몽생이라 했던가, 우리 옛분들이 삶의 무상함을 두고 한 말이다
서구식, 엘리엇식으론 '나는 내 생애를 커피스푼으로 되질해 버렸다'
의미 없이, 보람없이, 가치도 없이 살았다는 삶에의 회의 아니던가

※ 취사몽생(醉死夢生) : 아무 뜻과 이룬 것도 없이 한평생을 흐리멍텅하게
　　　　　　　　　　살았음을 일컫는 말

？

어떻게 사는 것이 의미 있고, 보람 있고, 가치 있는 삶일까?
그걸 알고 실천하고 실현한 사람 몇이나 될까?
답은 없고 물음만이 있는 것이 삶, 해서 답도 ?

나눠져서

　자살하는 힘을 가진 자는 행복하다 했던가, 헌데 그 행복한 자를 자식으로 둔 자는 불행하다, 행복과 불행은 동전의 양면 같은 것, 어느 쪽으로 뒤집느냐에 따라 행·불행으로 나눠져서

항목을 빼버렸던 게야

신을 만능하다 했던가? 아니라데, 소이는 스스로 하고 싶어도
자살할 수가 없기 때문이라데, 해서 신은 자신들의
세계에서 자살이라는 항목을 빼버렸던 게야

넣을 사전도 없지만

말은 되네만 헛소리여, 신은 실체가 없으니
목을 매달고 싶어도 목이 없거든, 해서 신의 세계엔
아예 자살이란 단어가 없어, 넣을 사전도 없지만

피조물인 게야

신들의 세계에는 사전이란 게 없어, 언어가 필요 없거든 해서 신의 언어란 건 인간들이 신 대신 한 말이었어, 인간들이 필요에 의해 신을 창조했거든, 신이란 게 인간의 피조물인 게야

2024년 5월 8일

학과 더불어 살라 하시네

고향 학의동(鶴儀洞)에 태어난 연고로 높이 날고 멀리 나는 꿈 키우며 학 한 마리 마음으로 길렀더니, 고원(故園)의 조상님이 이를 가상히 여기셨는지 학과 더불어 살라 하시네

함께 사네

늙은 학 내 사자여도 좋고 한운야학의 들학이어도 좋고
학 한 마리 그리움 이는 날엔 날개에 실어 아내에게 날려 보내고
한가한 날엔 춤이라도 같이 추며 속세 속기 털어내며 함께 살라시네

되는 것을

선경이면 어떻고 속세간이면 또 어떻나
세상 얼룩 번졌으니 백학은 분수 밖, 까마귀나 면했으면
그런대로 다행, 세상 무늬대로 얼룩덜룩 살면 되는 것을

없어서

한없이 괴로운 세상을 고해라 한다면, 살만한 세상은
복해(福海)라고나 할까, 둘 다 바다니 건너야
헌데 배 없고 있단들 노도 삿대도 없어서

관심 있겠나

행복한 사람은 시계에 관심이 없다 했던가, 괴로운 인생은 시간이라도 빨리 가야, 반대로 행복한 인간은 세월아 천천히 가자여서, 허니 재촉해 도망가는 시계에 관심 있겠나

당초 평등하지 않았던 소이야

세월은 누구에게나 평등하게 주어진 자본금이라고?
해서 잘 운용한 사람은 승리를, 잘못 운용한 사람은
실패를 맛보기 마련, 당초 평등하지 않았던 소이야

평등 운운한 게야

평등, 아무리 법으로 떠들어대도 법밖엔 불평등이 존재하지
해서 법의 끈으로 평등하게 묶어놓고자 한 게야, 그보다
근본적으로 불평등하게 태어났기 때문에 평등 운운한 게야

망국병이지

세상이 자기를 행복하게 해주지 않는다고 불평하는 것을
이기적인 병이라 했데, 병도 그냥 병이 아니라 개인적으론
종신지질, 사회적으로 만연한 고질병, 국가적으로 망국병이지

다 행복해져

행복이란 소유하는 것이 아니라 공유해야, 공유하기 위해선
소비할 줄만 알고 생산할 줄 모르는 행복병을 고쳐야
생산해봐, 병 치유되고 공유되어 다 행복해져

설명 누군 못 하나

진정한 비평가란 가치가 있는 것, 숨겨진 것을 찾아 가치화하는
결점보다 장점에 더 유의해야 했던데, 이 땅의 비평가란
평가보다 해설하길 더 좋아해서, 설명 누군 못 하나

주례사 못 면해서

날마다 쏟아져 나오는 시집 뒤에 곁들인 '해설', '평설'이 있는데
해설은 설명해 풀어준 것이고 평설은 값어치를 평가함인데
평가는 외면하고 설명만 해서 하는 말 '주례사 못 면해서'

허사로 끝나지 않을 수가 없음이다

주례사란 잘 살아라에 살을 붙여 덕담으로 하는 말이다
사랑 어떻고, 행복 어떻고, 가정이 어떻고 판박이다
비평이 주례사가 되면 허사(虛辭)로 끝나지 않을 수가 없음이다

2024년 5월 9일

소이라니

그린그린 신록은 독이 풀려 시커멓게 번진다
무위에도 역병이 있어 창궐함 때문이다
헌데 창궐하면 할수록 순수가 되는 병이 되레 약이 되는 소이라니

질서인 것을

소이를 물었는가, 무위엔 역리가 곧 순리
순리가 곧 순수, 순수가 곧 이치
이치가 곧 질서인 것을

뭐만 보인다더라

인위의 감태 낀 눈으로 보면 순수가 퍼지는 독으로 보일 수도
무위엔 약이란 게 없어, 병이 없음이기 때문, 병든 인위의
눈이 병으로 보았던 게지, 개 눈엔 뭐만 보인다더라

그 이하면?

개 눈이 그러하면 개만도 못한 눈엔 무엇이 보일까? 물신에 환장한
보이느니 황금, 명예, 권력, 출세, 개 눈에도 고기 뼈다귀만도
못한 것들이 최고의 가치로 보이다니, 그 이하면?

뿐이어서

그 이하면 똥만도 못함이니, 개도 외면할밖에
개도 외면한 것에 환장을 하다니 막됨이 극에 달한 게지
해서 청문회 때 보면 쏟아내느니 개도 안 물어갈 것들 뿐이어서

투항을 받아들이거든

고산지전무미목이라 했던가, 등태산이소천하라 했던가, 지위를 두고 한 말, 높이 좋아하다 낙상하면 끝장, 낮을수록 안전, 강과 바다 봐 그중 낮으면서 그중 높은 산골짜기 물줄기의 투항을 받아들이거든

※ 고산지전무미목(高山之全無美木) : 높은 산에 좋은 나무가 없듯이 높은 지위에 있는 사람은 뭇사람의 비난을 받아 자릿값을 남기지 못함을 이르는 말.
　※ 등태산이소천하(登太山而小天下) : 높은 산에 오르니 세상이 작아 보인다는 뜻으로 높은 지위에 오르면 아랫사람들을 우습게 본다는 맹자(孟子)의 말.

그래

바다가 왜 바다인 줄 아시는가? 높은 산 줄기줄기 흐르는 산계의 투항을 받아들인다고 바다라 한 게야, 높은 산이면 뭘해, 그중 낮은 바다로밖에 갈곳이없는데, 황제가지위끝나면 백성으로돌아감도그래

서로 차지하러 들어서

너도나도 감투 쓰고 싶어 환장하는 걸 보면 감투란 게 좋긴
좋은 모양이던데, 학덕과 정신덕목 인(仁) 지녀야, 그래도
지키기 어려운 자리를 젠체하는 체병장이들이 서로 차지하러 들어서

노(櫓)로도 사용될 수 있어서

부드럽게 말하고 큰 지팡이를 가지고 다녀라, 그러면 멀리 갈 수 있을 것이다. 지팡이란 게 들어서서는 안 될 길 바로잡는 지혜의 손잡이도 되고, 고해를 건너는 삿대나 노로도 사용될 수 있어서

다르지

지혜를 최대의 덕이라 했데, 사물의 본성에 따라 이해하고
진실을 말하고, 그리고 행하는, 그렇다면 덕과 어떻게 다르고
어떻게 같을까? 행하면 같고 같아도 행하지 않으면 다르지

한 수 위인

한 잎 떨어지는 낙엽을 보고 천하의 가을은 안다 했던가, 일엽지추라 했던가, 어느 시인의 시행 미단정 종결어미가 추측일변도더니 미루어 헤아려 생각함이 있단 뜻인 것을, 단정보다 한 수 위인

시법 상으론 그래

생각은 한 수 위인데, 시라는 게 생각을 생각 아닌 사물로 드러내주기를 원해서, 사르트르의 '시는 사물로 쓴다'가 그러하고 엘리엇의 '객관적 상관물'이 또한 그러해서, 시법 상으론 그래

2024년 5월 10일

되레 고마움을 배우게 했다

    스승의날을 앞두고 제자 몇이 찾아왔다, 정신덕목이 죄다 퇴화해버린 이 육덕(肉德)의 물신시대에 사제간의 덕목 스승 기려 찾아주다니 베푼덕 없는 처지로선 제자에게 되레 고마움 배우게했다

가까워질 것인가

자연은 인간의 스승이라 했던가, 허니 모든 무위가 스승됨이다
자연의 인(因)이나 순리, 법도가 배워야할 덕목이고 사물 하나하나가
교과서들이니 언제 배워 익혀 순리 좇아 자연에 가까워질 것인가

비의(秘意)로 말함 아니던가

자연을 신의 예술이라 했던가, 신의 묵시이며 예술은 인간의 묵시라 했던가, 묵시면 계시성 아니던가, 계시성이면 사물로써 드러냄이 아니고 사물 뒤에 감추어진 비의(秘意)로 말함 아니던가

예술인 것을

그렇구나, 시인을 견자라 했을 때 보이는 것을 보는 시력이 아니라
가려져 보이지 않는 것을 발견해 보여준 시력을 뜻한다 했던데
사물 뒤에 숨겨진 비의 아니던가, 비의의 묵시적 계시가 예술인 것을

다르지 않다는 것을

계시(啓示)면 가르치어 보임도 되지만 달리 사람의 지혜로
알지 못하는 신비로움을 신이 가르쳐 알게 함도 되지 않던가
그걸 몰랐구나, 견자의 시각이 신의 계시와 다르지 않다는 것을

시는 망했다

신의 계시성과 이를 발견해 내는 시인의 견자로서의 시력
헌데 사물 뒤에 숨겨진 계시성 비의는 고사하고 사물의 외양마저
제대로 드러내지 못하는 얼간이 시인들이 90%면, 답은 시는 망했다

맹물인 소이다

견자는커녕, 거짓말하는 특권을 부여해도 참말로는 드러낼 수 없는 거짓말도 제대로 행사할 줄 모르니, 쥐어준 떡도 제대로 못 잡수신다 아니던가, 허니 맹물만 켤 수밖에, 시가 맹물인 소이다

허니 폐업이 최선

맹물에 비하면 잉크에 물 타 쓴 시는 그래도 양반, 피로 쓴 시보다는 하급이지만, 맹물로 그림을 그릴 수 없듯이 시도 맹물로는 빛깔도 문양도 내재한 뜻도 의미도 드러낼 수 없어, 허니 폐업이 최선

어이쿠 시시해

써봤자 시가 되지 않을 바엔 뭘 하게 써, 쓴 값어치, 일테면 감동이나 충격이나 광채에는 미치지 못해도 변용이나 형상화에는 가 닿아야; 쓸데없는 넋두리 늘어놓고 시라고? 어이쿠 시시해

변(便) 취급을 당한 변자라서

비웃거나 업신여길 만큼 변변치 못함을 두고 하는 말 시시하다
높여 볼만 못해 낮추어 보는 것이 변변치 못함인데 시가 그래서야
변용에관심했던들 변변치는면했을 것을 변(便) 취급을당한 변자라서

드러내야 한다

시란 정을 뿌리로 하고, 말을 싹으로 하며, 소리를 꽃으로 하고 의미를 열매로 한다, 백거이(白居易)의 말에 동의한다, 다만 정·말·소리·의미를 뿌리·싹·꽃·열매로 드러내야 한다

언어의 용법이다

시란 무엇을 쓸 것인가에서 무엇을 어떻게 드러낼 것인가로 바뀌어야 한다. 드러냄이란 표현인데 표현은 레토릭에 의존된다 레토릭은 시를 탄생시키는 언어의 마술적 용법이다

2024년 5월 11일

하늘의 별 따기다

풍시조의 미학적 본질은 컨시트에 있고 맛과 멋은 양극화
언어유희, 원인적 비유, 지적 순발력인 지적조작에 있다
3행의 제약속에 본질과 맛과 멋을 함께 넣기란 하늘의 별 따기다

도려내서

소이로 쳐다보기만 할 뿐, 펜 장대 삼아 별 따기 위해 뒷동산에 오를 엄두를 못 낸다, 풍시조 시인이 귀한 몫을 하는 소이다 뿐인가, 칼과 도끼가 노린 목 아닌 펜으로도 세상의 모든악 도려내서

순수한 징벌이기 때문

순수한 통징(痛懲)은 풍시조의 전매특허품이다. 통징이란 징벌 앞에 왜 '순수한'을 전제로 내세운 줄 아시는가? 칼과 도끼가 아닌 펜으로 악을 도려내는 문화적 수단의 순수한 징벌이기 때문

소이다

풍시조를 '시의 복수니 복수를 감행하는 시라고 해서 '복수의 시'라고 한다 원한을 갚는복수가 아닌 악을 도려내 선에이바지함으로써 사회적으로유용한 복수의감행이기 때문, 복수가곧 선이 되는 소이다

없어서

소이(所以)란 게 그리된 연유나 까닭 아니던가, 하늘 이치
천지창조의 인(因)이란 것도, 까닭과 연과 결로
이어지는 소이 지녔음 아니던가, 소이 없는 대이는 없어서

짓다지

시 쓰는 것을 달리 '시를 짓는다'라고 하는 소이, 짓다가 재료를 들여 만들어 이루다도 되지만, 모양이 나타나도록 만들다도 되지, 모양이 없는것, 일테면 정서나 관념을 모양새로만들어내는 형상화가 짓다지

같어

그걸 모르면 시 쓰는 것 '짓다'가 아닌 겉만 흉내내는 것만이여
가슴속에 있는 것, 머릿속에 있는 것, 사물 뒤에 가려져 있는 것
모양으로 재구성하는 것이 형상화, '시를 짓다'의 모양새도 같어

소이야

만들어 볼까, 농사짓는 '소 있지, 유식하게 우공(牛公), 이름은 소인데, 등치는 대(大)이거든, 소 없이 대 없음이야, 등치만 대인가 참아내는 인내의 덕성 또한 대이지, 소와 대는 통합인 소이야

소이지

오만 잡사(雜思) 지으면 이리 돼, 안 될 것이 없는 것이 시로 짓기야
짓기란 게 만들어냄이니 만들기에 따라 오만상이 달라지는 게지
잡동사니 생각도 만들기에 따라 아름다움이 되는 소이지

이름함이야

소가 대 됨이나 상(上)이 하(下) 됨이 만들기 나름이지
살자가 자살 되고 발목이 목발 되는 소이도 같음인 게야
만들기 나름, 시인이란 만드는 천재를 두고 이름함이야

소이가 그래

시가 시시하다고? 시시해 보잘것없다고? 잘못 만들어서 그래
잘만 만들면 천하일품, 펜이란 게 만들기에 따라
끌도 되고, 도끼도 되고, 장도리·톱·펜치가 되는 소이가 그래

반시(反詩) 돼

 기술은 갖춘 것이 아무것도 없으면서 정서나 관념 나열로만 시가 된다면 착각이지, 그런 시는 짓는 시가 아니고 흉내낸 시야 흉내도 제대로 내야, 어설픈 흉내는 반편이 못 면해서 반시 돼

2024년 5월 12일

학에 띄워 보낸다

양력 5월12일, 음력으로 4월5일, 소천한아내의 84회탄생일, 2주기인 5월 4일, 교회일로 아들이 바빠 18일로 미뤘다가 다시 다음 주말로 미뤘다, 그립고, 미안한 마음 그리움의 전령사 학에 띄워 보낸다

주말이 더 바쁜 삶들이다

아내를추모하며 작사·작곡한 <에덴 파라다이스>를 아들의노래로
헌정할계획, 몇편의 시를 외손주의낭송으로 곁들여서, 아들이목회를
하는 소이로, 또 내가 주말 인생이어서 주말이 더 바쁜 삶들이다

세상살이인 셈이다

모든삶들이 주말이면 휴식의시간이다, 새로운 1주를 출발시키기위한 에너지충전을 위한 휴식이다, 헌데 내생활양식은 한주의 밀친일들을 주말에 처리하는 주말 인생이다, 거꾸로 사는 세상살이인 셈이다

즐기며 산다

한주의 원만한 삶을 위한 휴식 아닌 주말의 정리에 익숙하다
그런대로 길들여진 삶 덕분이다, 또 주말이라 해봤자
마땅히 할 일도 없다, 일할 수 있는 주말 안분지족 즐기며 산다

여유도 없다

정치니, 사회니, 내 삶 외의 삶들에 대해 관심 끄고 산다
내게 주어진 일, 내가 선택한 일 외의 일은 관심 밖
관심 안의 일들만으로도 벅차다, 관심 밖에 일에 관심할 여유도 없다

분수 밖이다

나름의 다짐으로 세운 마스터플랜이 시집 500권을 발간하는 일이다
　　건강 유지해 무탈하다면 연말이면 목표 달성하고도 남는다
목표로 설정한 일만 가지고도 빡빡한 일정, 그밖의 일은 분수 밖이다

일한다

다행히 뒷바라지를 맡아준 고마운 지인 있어 탈 없이 향한 목표엔
장애가 없다, 인덕이라고나 할까? 인복이라고나 할까?
그런대로 이루어진 일들에 감사하며, 감사한 마음으로 일한다

탓인들 하겠는가

지인의 전화에 답하면서 "나 아직 현역"이야 했더니
"미친놈" 했다, 맞는 말이다, 이미 10년 전쯤 은퇴했어야 했다
헌데 아직 현역이란 생각, 철이 덜 들었음이니 탓인들 하겠는가

죽지 못해 사는 것이지

알량한 늙은 유세하면 할 일 없이 노는 처지였다면 생각만 해도
끔찍하다, 할 일 있어 매달려도 끔찍끔찍한 시간들인데
손 놓고 논다, 그게 어디 사는 일인가, 죽지 못해 사는 것이지

고역 아닐지

사는 날까지 일할 수 있다는 것, 그것도 내가 좋아할 수 있는 일이면 그것만으로도 안분지족 즐기며 사는 행복한 삶 아닐까? 할 일 없어 빈둥대며 노는 일, 노는것이 아니라 놀수밖에 없는 일이 고역 아닐지

즐거운 일이지

고역이란게 몹시 힘들고 괴로운 일을 두고 한 말 아니던가, 마지못해 하는 일, 도로인 줄 알면서 하지 않을 수 없는 일이 고역 아니던가 할수 있는 일 있고, 즐기며 할 수 있는 일이면 행복에 값하는 일이지

즐거운 삶 아니던가

종아소락이라했던가, 고중작락이라했던가, 익자삼락(益者三樂)이라
했던가, 내가 즐거움을 좇고, 괴로움 속에서 즐거움을 찾고
예락, 착함, 현우를 벗하며 사는 일이 즐거운 삶 아니던가

※ 종아소락(從我所樂) : 내가 즐겨한 바를 따름.
※ 고중작락(苦中作樂) : 괴로운 속에서도 즐거움이 있음.

2024년 5월 13일

충격을 체험하게 했다

지인의 권유대로 풍시조를 일반시로 개작했더니 나쁘지 않았다
3행의 행간 속에서 발휘할 수 있는 순발력의 한계가 극복되면서
행간 행간에서 지적광체에 값하는 지적조작이 충격을 체험하게 했다

시적 긴장이 이완됐다

3행의 구속력을 벗어나자 상상력에 날개가 돋혔다
대신 긴장이 다소 풀리면서 응축된 함의가 나사를 풀었다
일반 독자에겐 접근을 쉽게 했지만 시적 긴장은 이완됐다

맛을 지녀야 할 것 같다

장점은 시의 이해를 쉽게 했고, 단점은 응축된 함의를 해체 시적 긴장을 이완시켜 맛을 가게 했다. 역시 풍시조는 풍시조답게 풍미할 맛을 지녀야 할 것 같다

같다

맛이란 게 시장기와 비례한다, 만식당육이면 될 것을
늦게 먹는 것이 고기 맛을 당한다는 식으로 늘리면
맛도 풀리고, 풀려 제 맛을 느낄 수 없게 함과 같다

※ 만식당육(晩食當肉) : 늦게 먹는 것이 고기 맛을 당한다 함이니 시장하여
음식을 먹으면 무엇이나 다 맛있다는 말.

풍시조의 리듬이고 맛이다

응축미·함축미·순발력이 유지시키는 팽팽한 긴장감이 풍시조의 율격장치다, 자수율·음수율 같은 구식에 비해 단연 현대식이다 긴장이 퉁겨내는 파장의 떨림, 그 전율이 풍시조의 리듬이고 맛이다

■ 시집 평설을 대신해서_諷詩調에 대한 사계의 견해

三行詩의 안팎

문덕수(전 예술원 회원)

1.

박진환의 三行詩Ⅷ『諷詩調』를 읽고 느낀 바가 많지만 다 말할 수는 없을 것 같다. '諷時調'라고 하지 않고 '諷詩調'라고 한 것은 '시조(時調)'와는 다른 장르임을 말하는 것이 분명하고, '풍조시(諷調詩)'가 아니라 '풍시조(諷詩調)'라고 한 것은 이와 유사한 다른 장르명의 어순을 따를 필요가 없음을 암시한 것 같다. 어쨌든 '풍시조(諷詩調)'는 다른 누구의 것도 아닌, 바로 박진환의 장르다. 그가 풍시조의 시조요, 창업자다.

'풍시조(諷詩調)'의 '풍(諷)'은 '풍자(諷刺, satire)'일까. '풍유(諷喩, allegory)'일까(諷諫, 기자(譏刺)라는 말도 있다). 풍(諷)은 '言十風(음)'으로 된 글자인데, 떨리는 소리로 낭독하는 것을 풍송(諷誦)이라고 하고, 바람이 나뭇가지나 이파리를 흔들듯이 사람의 마음을 움직이는 것을 '풍(諷)'이라고 한다. '풍자'는 후자에 해당한다. 그러나 이러니저러니 따질 필요는 없다. '시작품' 자체가 시론이기 때문이다. '풍시조'의 정체는 박진환의 작품에 있다고 하겠다.

> 달콤한 오수 깨며 띠리링 울리는 벨소리 속 목소리
> 기막힌 부동산 정보 전해 드리려고요
> 너나 기막히세요, 난 귀 열고 매미소리나 벗하리니
> ―「귀 열고」

 IT매체들(휴대전화 등)을 통해 부동산 중개업자(복덕방)의 이러한 극성스러운 메시지는 시민들이 역겹도록 경험하고 있는 현실이다. 시도 때도 없는 각종 정보 발신에 시민들이 무방비 속에 시달리는 것은 정보공해라고 할 수 있다. 이 시는 요즘의 이러한 부동산 시장의 상황과 정보공해가 전제되어 있고, 이러한 상황을 어느 정도 공유하고 있는 독자에게만 공감이 절실할 것이다. 풍자건 유머건 간에, 독자의 다양한 지적 교양이 전제된다는 점에서 지성적 활동이라고 할 수 있다(박진환을 '주지시'의 계열의 중요시인으로 보는 것도 이 때문이다).

 2.
 왜 3행시일까. 20행, 30행의 장시나 산문시면 안 되는가. 초·중·종장과 같은 3행이지만, 시조의 율조와는 관계가 없다. 종장 '3·5·4·4'와 같은 율조도 지킬 필요가 없다. 음보와도 관계없다. 시조의 3행과 같다는 말도 사실상 넌센스다. 그럼에도 3행시로 한 뭔가의 이유가 있지 않을까. 앞에 든 「귀열고」에서 여러 가지 장치를 전지(剪枝)하고 3단논법의 뼈대만 추려 본다.

남을 괴롭히는 전화는 받기 싫다(대전제)
요즘의 부동산 정보전화도 사람만 괴롭힌다(소전제)
그러므로 내게 그런 전화하지 말라(결론)

이와 같은 논리소('화소'라는 말이 있지만 '논리소'라고 해둔다)로 환원시켜 놓고 보면, 「귀열고」는 3단논법의 시상 전개임을 어느 정도는 이해할 수 있다. 상황 제시(대전제, 제1행), 권유나 권고(소전제, 제2행), 거절(결론, 제3행)로 된 3단형이나 구문면에서는 문답형이다. 3단 논법이란 2개 이상의 전제를 제시하고, 거기서 결론을 도출하는 추론형식이다. 2개든 3개든 2행으로 전제를 제시하거나 열거하고, 논리 진행의 반전, 좌절, 총합 등으로 결론을 도출하게 되면 '3단형'이 되지 않을 수 없다. 또 구문상의 '문답형'으로 본다고 하더라도 물음과 답이 각각 1행씩 합해서 2행이 되고, 물음과 대답을 성립하기 위한 전제적 상황 제시가 1행을 차지하면, 이 또한 3행 형식을 취하게 된다.

돈 많은 세상에 돈 없이 배고파하는 꼴이나
물난리에 물이 없어 목말라 하는 꼴이나
사람 중에 사람 없어 정치공황 부황든 꼴이나
― 「꼴이나 꼴이나」

「꼴이나 꼴이나」도 3단형이긴 하나 논리의 극적 국면(반전, 좌절 등)이 약한, 즉 편평(扁平)한 3단형이다. 더 정확하게 말하면 전제만 3행으로 열거되고 결론이 없는(결론은 독자의 몫으로 남겼다.) 일종의 '나열형'이다. 틀(뼈대)을 추려보면 "풍족 속의 굶주림은 꼴불견이다(제1행), 홍수 속의 갈증은 꼴불견이다(제2행), 인재 귀한 정치 공황은 꼴불견이다(제3행)"의 3단형인데, 대전제 · 소전제 · 결론 형이 아니라 단지 전제의 3행 나열에 지나지 않고, 이러한 나열을 총합한 결론은 독자에게 맡겨져 있다. 구문상으로는 '꼴이나'가 각행의 끝말로 반복(세 번 반복)되는데 귀납형의 방식이라고 할 수 있다. 대전제를 먼저 제시하는 3단 논법형과는 다르다고 하겠다. 3단형이라고 하더라도 여러 가지 성질의 형식이 있으므로, 여기서는 변죽만 건드려본 정도로 그치겠다.

3.
다음엔 실제 작품을 조금 음미해 본다. 「귀열고」는 「夏夜」와 더불어 박진환의 풍시조 중에서 가장 재미있는 작품인 것 같다. 전형적인 작품이라고 해도 괜찮다.

'기막히다'의 활용형(기막힌, 기막히세요)은 문답의 '고리' 역할을 한다. 부동산중개업자와 시적 주체도 연결시켜준다. 그런데, 대답 부분(제3행)의 '기막히세요'라는 '고리'에는 '기막히다(어떤 일이 하도 어이없거나 엄청나서 질릴 정도이다와 같은 부정적 성질의 의미와, 어떻다고 말할 수 없을 만큼 좋거나 정도가 높다와 같은 긍정적 성질의 의미가 공존한다)와 '귀(耳) 막히다' 등의 의미가 공재해 있고, '귀 막히다'는 뜻의 말은 짐짓 잘못 알아들은 것으로 되어 있다. 이 풍시조의 재미는 '기막히세요'라는 고리에 내재된 다채로운 뉘앙스의 삼중 겹침에 있는 것 같다. 여기에 "너나 기막히세요"라는 독백 형식의 대답에는 "너나 잘하세요"(영화 「친절한 금자씨」의 주인공이 한 말)도 연상되고, 더 지적으로 민감한 독자라면 "사또님 말씀이야 다 우습지"나 "사돈네 남의 말 한다"와 같은 속담도 연상하게 될 것이다. 또 2인칭 대명사 '너'와 높임말인 '기막히세요'는 존대법상 일치하지 않는다. 이러한 문법적 불일치도 미적·풍자적 효과에 한몫 더한다. 말하자면 독자의 지적 수준에 따라 그 웃음과 재미가 증감된다. 아마 이러한 시적 장치의 전부를 담아 뭉뚱그리기에 적합한 가장 간결한 형태가 3행시가 아닐까도 생각된다.

F킬라를 뿌리듯 이발사가 내 머리에 스프레이를 분무한다
내 머리를 모기나 파리 대가리쯤으로 아는 모양이다
하긴 싹싹 손 비비고 남의 피나 핥았으니 그럴 법도 하지
— 「이발소」에서

전제가 되는 부분의 열거를 1행, 2행에 배당하고, 그 전제를 근거로 제3행에서 결론을 도출한 3단형이다. "이발사가 내 머리에 스프레이를 뿌린다(제1행), 나를 모기나 파리로 간주하는 것 같다(제2행), 아첨하고 착취했으니 이발사의 행위는 당연하다(제3행)"는 것이 이 풍조시의 뼈대다. 추린 논리소다. 그러나 이 논리 속에는 의도적 곡해(曲解)와 사회를 향한 우회적 공격이 숨어 있다. 논리 속에 숨은 이 장치의 이해가,

이 풍시조 수용의 전제가 된다.

특히, "싹싹 손 비비고 남의 피나 핥았으니"에서, 1인칭(모기나 파리의 1인칭)인 '나'의 비하(卑下)를 통해서 파리나 모기와 다를 바 없는 자신이 바로 사회의 무고한 사람들에 대한 침입자나 가해자였음을 폭로한다. 자기가 바로 풍자의 칼날에 희생되어야 할 대상이며, 자신의 비하가 공격과 비판을 위한 칼날 갈기의 전제라는 아이러니를 본다. 일종의 도회(韜晦)의 비늘이라고 할까. 새디즘과 매저키즘은 동전의 양면이라는 심리분석도 이 경우에 해당될지?.

> 夏! 정말 덥다, 夜! 시원하다
> 夏夜보다 더 신나고 시원한 것 없을까
> 없긴 왜 없어, 下野란 말 있잖아
> ―「夏夜」 전문

「夏夜」는 문답형 중의 자문자답형이다. 독백형 자문자답이다. 두 개의 전제에서 의외의 결론을 끌어낸 3단 형태라고도 할 수 있다. 제1행의 대전제가 그 다음의 소전제와 결론인 대답을 가능하게 해준다. 어쨌든 '夏夜'라는 펀(pun)과 더불어 박진환식 풍자와 해학의 가장 돋보이는 전형적인 시다. '夏夜'에 내포된 골계미와 풍자성을 분석해 보자.

'하야'라는 시니피앙에는 1)계절로서의 夏夜, 2)'하! 야'라는 반응의 감탄사, 3)하야(下野)라는 시니피에가 겹쳐 있다. 반복하면 시니피앙의 한 덩어리 속의 세 시니피에가 꼬리를 물고

꼬여 메비우스의 띠처럼 회오리친다. 특히 '하야(夏夜:下野)'라는 말이 지닌 풍자성이 시 전체(1행, 2행, 3행)에 삼투되어 방사(放射)한다. 웃음 속에 감추어진 칼날을 보는 것 같아 섬찍하다.

4.
끝으로 풍시조 1편과 외국의 우화 1편을 비교해 볼까 한다. 대상은 둘 다 '중동(中東)'이다.

> 열사의 불 먹고 사는 탓에 제 버릇 못 버려 즐기는 불장난
> 석유까지 불을 뿜어대니 연일 불바다지
> 얼음을 먹어야 식히는데 中東엔 仲冬이 없으니
> ―「仲冬이 없으니·1」

이것은 일종의 '편'이다. 「夏夜」에 비하면 편의 구조도 퍽 단순한 편이다. 페르시아만(아라비아만)의 해변에 '개구리' 한 마리가 햇볕을 쬐고 있는데, '전갈(scorpion)'이 와서 바다 건너 저쪽 언덕까지 등에 태워 건너달라고 부탁한다('전갈은 몸속 독낭에 못 모양의 독침이 들어 있는 동물이다).

"싫어. 넌 전갈 아냐. 날 찔러 죽이려고"
"바보 같은 소리" 내가 찌르면 너도 죽지만 나도 익사하지 않는가. 잠시 생각한 끝에 개구리가 말한다.
"그렇군. 그럼 내 등에 올라타"

전갈을 등에 태운 개구리가 아라비아 바다를 건너기 시작한다. 바다 복판쯤에 왔을 때, 전갈은 갑자기 독침을 꺼내어 개구리를 찔러 버렸다.
"왜 이래?"
전갈이 대답했다. "여긴 중동(中東)이야."

유머지만, 이것은 '우화'의 형식을 취하고 있다(박진환도 '우화' 쪽으로 발전할지도 모른다). '개구리'는 아라비아만으로 관광온 유럽인인지도 모른다. 그러나 이 조크에 등장하는 '전갈'과 '개구리'의 본의(本義)가 각각 유럽과 중동 중에서 어느 쪽인가에 따라 작품 전체의 이야기가 달라지고, 공격의 대상도 반대가 된다. 그러면 박진환의 풍시조의 공격 대상은 누구인가. 중동만이라고 할 수 없다. 여기서 해학이건 풍자건 그 속에 감춘 예리한 '날의 현동화(現動化)가 실은 얼마나 어렵고 미묘한 것인가를 시사한다. 특히 「전갈과 개구리」의 경우, 그 균형(balance) 잡기의 어려움을 실감하게 된다.

나는 오늘의 한국시의 지형도를 그려본 적이 있다. 1)전통과 서정(전통적 서정시), 2)메시지와 관념(관념시, 생태시), 3)이미지와 물리성(언어 이미지시), 4)탈관념의 실험(탈관념시), 5)주지적 처리(주지시) 등이 그것이다. 한국시의 동서남북이라고도 할 수 있다. 우리 시단의 특색 있는 시의 중요한 작품들은 일단 이 지형도로 배열, 배치할 수 있다. 우리 시의 현황이다.

나는 박진환의 최근작(3행의 풍시조)을 주목하면서 '주지시'

의 장르로 보았다. 지금도 나는 이러한 자리매김을 후회하지 않는다. 김춘수는 박진환의 풍시조에 대하여 『하여지향(何如之鄕)』을 쓴 송욱의 '전철'을 밟고 있다고 했지만, 나는 송욱과 '같은 계열'이라고 보지, '전철'이라고는 생각하지 않는다. '풍자의 노끈'으로 송욱과 박진환을 칭칭 묶어 버리는 것도 가능하나, '풍자'가 있는 '주지(主知)의 토포스' 속에 자리한 박진환의 거처가 지닌 의미의 진폭을 이해할 필요가 있을 것 같다. 풍자, 해학, 편, 아이러니, 비꼼, 조롱 등은 '주지시'의 자원이긴 하나 이것만이 전부는 아니다. 이러한 주지시는 송욱, 김현승, 김광섭 등을 거쳐 김기림(金起林)의 장시 『기상도(氣象圖)』(1936)에 이른다는 사실을 이해한다면, 주지의 여러 가지 자원이 뭣인가를 짐작할 수 있다. 『기상도』가 지닌 주지적 풍부함의 목록을 일일이 확인할 필요가 없을까.

 이야기를 많이 에둘렀다. 다시 「仲冬이 없으니·1」과 「전갈과 개구리」이야기가 지닌 한 가지 토픽도 주지(主知)가 지닌 여러 가지 목록 중의 하나다. 지성은 억제와 조절에 바탕을 둔 '균형'을 강조한다. 형이상적 존재의 인식, 그 인식이 지닌 초월성의 자기화(自己化)에 의한 시선의 확보, 그 중의 풍자적 시선이 공격 대상을 선정하는 일에 도리없이 참여하는 '균형'은 특히 중요하다. 저울대의 무게와 추가 형평을 이룰 때 '풍자'는 더욱 빛날 것이다.

■ 시집 평설을 대신해서_諷詩調에 대한 사계의 견해

知的調律에 의한 시 意味의 密度와 結晶度
― 『諷詩調』의 창간에 부쳐

성찬경(전 예술원 회원)

문예지 『풍시조(諷詩調)』가 창간되었다. 때는 2008년 초여름이고, 앞으로 계간지로 계속 발간될 것이라는 예고다.

문예지라고 했지만, 문예지치고는 매우 특수한 성격을 지니는 문예지다. 우선에 소설은 배제된 시 전문지이지만, 넓은 범위의 시 일반을 싣는 것이 아니라 '풍시조(諷詩調)'란 새로운 시적 유형과 범주에 속하는 시만을 모아서 엮는 시지이니, 이를테면 시단 안에서도 특수 전문지의 성격을 갖는다. 흔히 취미 오락 등을 다룬 잡지에 낚시니 등산이니 바둑 등을 전문으로 다루는 잡지를 보게 되는데, 『諷詩調』는 시 안에서도 독특한 장르만을 대상으로 하는 일종의 전문 시지(詩誌)인 셈이며, 우리나라 시사(詩史)와 시단의 현황이 어언 여기에까지 이르렀는가 하는 감회를 갖게 된다.

여기에서 좀 더 차분히 『諷詩調』의 출현을 지금까지 키워온 그 뿌리와 수맥을 살펴볼 필요가 있다. 말할 것도 없이 이

『諷詩調』의 근본이 되는 자양적 모태는 박진환 시인이 약 30년에 걸쳐서 전개해온 넓은 의미에서의 지성시(知性詩) 운동이다. 박진환 시인은 이러한 지성시의 구체적인 전개방법으로서 '형이상학시'의 기치(旗幟) 아래, 이른바 변용의 시를 추구해온 것은 세상이 다 아는 바다.

변용의 시도 실은 그 개념의 범주가 좁다 할 수는 없다. 더 구체적으로 말하면 시에서의 위트, 컨시트, 또는 편과 같은 기법을 활용하여 시의 정서적 구조를 지적 구조로 바꾸고, 그럼으로써 시를 의미의 밀도에서 좀더 경질(硬質)의 것이 되게 하려는 시적 추구를 말한다. 그리고 이것은 그 시적 추구에서 17세기 영국의 '형이상학파' 시인들의 추구와 그 맥이 통한다는 사실도 우리가 알고 있는 바와 같다.

여기에서 박진환 시인의 이러한 시적 추구가 우리 시의 현실적 상황과 어떠한 관계에 있는가 하는 점을 살필 필요가 있다. 현재의 우리 시는 한 마디로 지성이라는 영양소의 결핍 증세가 심한데, 또한 그것을 자각하고 있지도 못하다는 것이 나의 솔직한 판단이다.

시에서 지성이 하는 구실은 일종의 조화 감각이라 할 수 있다. 시가 너무 한 쪽에 치우치는 것을 막아주는 감시의 역할을 하는 것이 바로 지성이다. 그래서 시에서 지적 요소가 부족하면 시가 한쪽으로 치우치는 것을 막지 못한다. 시에서 눈물이 너무 많아진다거나, 지나치게 격정에 사로잡힌다거나 정서의 내용이 너무 가냘퍼진다거나, 또는 지나치게 괴기해진다거나 하는 현상이 모두 지성적 작용의 결핍에서 오는 증후라

할 수 있다.

 문예지 『조선문학』을 중심으로 하는 한 무리의 문인들이 문학에서 지성적 구실을 강조하고, 줄기차게 우리 문단에서의 이러한 허점을 보완하고자 한 문학적 공헌에 대한 평가에서 우리는 몰인식과 소극성을 벗어나지 못하고 있는 것이 아닌가 하는 것이 역시 나의 생각이다.

 이번에 발간된 『諷詩調』는 박진환 시인이 벌여온 시운동의 더욱 정제된 결정과도 같은 것이며, 이것을 일종의 '문학적 발명'이라 해야 마땅할 것이라는 생각이 든다.

 어느 시대에 있어서나 문학의 새로운 양식은 그것이 하나의 새로운 발명임을 의미한다. 그리고 진정한 의미에서의 '발명'이라면, 얼핏 보아 아무리 하찮게 보이는 것일지라도, 거기에는 발명자의 많은 시간과 피땀과 노고가 스며있음을 잊어서는 안 된다. 시에 있어서도 마찬가지다. 시의 새로운 체질과 양식과 장르의 발명이 실은 시인들의 끊임없이 노력하고 추구하는 목표이기도 한 것이다.

 '諷詩調'의 출현 역시 결코 하루아침에 이루어진 우발적인 출현이 아님은 말할 것도 없다. 지금까지 박진환 시인이 시도해온 많은 '3행시'와 '諷詩調'가 그 싹이 되어 피어왔음은 물론이다.

 『풍시조(諷詩調)』가 갖는 새로운 체질적 특색을 간단히 살펴보겠다. '諷詩調'가 우리 고유의 전통적 시가의 형식인 '시조(時調)'와 체질적 연관성이 있음은 물론이다. 諷詩調의 구성이 3행으로 돼 있는 점이 초중종 3장으로 돼 있는 시조와 일치한다는 것에서도 이 일을 알 수 있다. 원래 시조의 초중종 3장도 시조보다 더 뿌리 깊다 할 수 있는 동양 고유의 한시(漢詩)의 기승전결에서 나온 것임을 우리는 짐작할 수 있다. 4행1련을 기본 단위로 하는 기승전결은 사실 동서고금의 모든 시적 감흥의 기본 틀이기도 하다. 다만 시조의 경우 종장에 해당하는 3장에서는 '전(轉)'과 '결(決)'이 한 행에 압축됨으로써 4행의 경우보다도 더욱 극적 효과와 시의 긴장감을 높여주고 있다.

이와 같이 諷詩調는 시조와 일맥상통하면서도 예술적 감흥을 겨냥하는 데에서는 시조(時調)와 사뭇 다르다. 곧 시조의 시의 뜻을 한자의 때시 '時'에서 글시 '詩'로 바뀌놓은 데서 그 겨냥하는 바를 짐작할 수 있다. 시조(時調)가 그 주제를 시대적 풍습에 맞추려는데 두고 있다면, 諷詩調에서는 시류(時流)를 넘어서는 작품으로서의 시적(詩的) 가치를 높이려는 의도가 숨어 있으며, 이런 점에서 '諷詩調'는 이른바 순수시(純粹詩)와도 그 방향을 같이 하게 된다.

'시조(詩調)', 곧 시의 흐름에 또 '풍(諷)' 자가 결합되어 있으니, 이것은 또 어떤 의도를 품고 있는 것일까. 여기에서 '풍(諷)'자는 박진환 시인이 시지의 '창간사'에서도 밝히고 있는 바와 같이 시에 넓은 의미의 풍자성(諷刺性)을 담으려는 의도와 다를 바가 없으니, 이 풍(諷)의 개념에는 시에서 전개할 수 있는 지적 작업 일반의 여러 항목이 두루 포함돼 있으며, 위트, 아이러니, 새타이어, 시니시즘(비꼬움) 등 표현상의 역설적 기법이 종횡으로 등장하게 된다.

그리고 이러한 풍자는 그것이 일종의 지적 응징의 구실을 하게 되는 것이며 이와 같은 응징의 숨은 의도는 바른 사회, 꼴불견인 시류적인 속물(俗物)들이 사라지는 사회, 양식이 통하는 밝은 사회의 출현을 바라보는 것이니, 깊은 뜻에서는 이 풍자의 정신이 곧 인도주의적 염원과도 일치한다는 점을 간과해서는 안 될 것이다.

'諷詩謂'의 보기로서, 박진환 시인이 전, 현직 대통령을 소재로 풍자한 시를 보려 한다.

> 노랗게 노랗게 노자로 시작해서
> 나리나리 개나리 리자로 끝나면 무슨 나리게
> 개나리, 노노노 무식하긴 노나리지
> ―「개나리」

> 이명박 대통령 임기 끝나 퇴임하는 날이 2012년 12월 26일
> 이날에 맞춰 돌아가는 시계가 이명박 시계란다
> 시작이 엊그젠데 퇴임 날 꼽아가며 돌아가는 시계가 있다니
> ―「이명박 퇴임시계」

편과 시니시즘과 새타이어가 2중 3중으로 얽히고 꼬인, 고도로 지적인 시적 작업임을 알 수 있다. 이보다 더 따끔한 응징적 일침이 또 있겠나.

계간지 『諷詩謂』는 이제 막 창간되었기 때문도 있겠지만, 아직 동인지의 성격을 완전히 벗지 못한 느낌도 없지 않아

있다. 앞으로 이런 점도 차츰 보완이 되리라 믿어지며, 이 시지가 잘 성장하여 응분의 구실을 하게 될 것을 나는 축원의 시선으로 바라본다. 그렇다 하더라도 일관성 있는 '지성시'에의 헌신과 노고가 정당한 평가를 받게 되는 날이 우리 시사(詩史)에서 언제 찾아올 것인가.

■ 시집 평설을 대신해서_諷詩調에 대한 사계의 견해

諷詩調의 깃발과 風向
– 새로운 시 운동에 대하여

김용직(전 학술원 회원)

 극히 최근에 그 모습을 드러낸 諷詩調 운동에는 두 가지 정도의 전략이 내장되어 있는 듯 보인다. 그 하나가 독특한 형태양식 해석이며 다른 하나가 현실 상황을 향한 예각적 공격의식이다. 명백히 현대 서정시의 서부(西部)를 개척하려는 의욕으로 시도된 이 시운동은 그러나 그 형식을 3장 6구를 원형으로 한 단형시 제작을 바탕으로 하고 있다. 3장 6구의 단형시라면 우리 머리에는 곧 한국 전통시가 양식인 시조가 떠오른다. 시조는 국민문학파에 의한 개혁운동 이후 새로운 토대를 마련하게 되었다. 이때부터 시조는 고전시가의 인습적인 면을 벗어나 새 시대의 양식이 된 것이다. 諷詩調는 시조의 이런 틀을 이용하려는 듯 보인다.

 諷詩調는 그 의식성향으로 보아 상당히 공격적이며 호전적이기까지 하다. 그 도마 위에는 정치, 경제, 사회, 문화의 문제만이 아니라 개인의 윤리, 도덕적인 사건까지가 가차 없이 올라 난도질당한다. 그런데 많은 경우 諷詩調의 비판, 공격은 예술적 의장을 거치지 않은 가운데 이루어진다. 諷詩調에서 풍(諷)은 수사론에서 풍자를 뜻할 것이며 고전문학의 감각을 곁들이게 되면 풍간(諷諫)과 같은 맥락에서 해석될 말이다. 풍자와 풍간에 역겨운 현실, 아니꼬운 대상을 꼬집고 공격하는 단면이 내포되어 있는 것은 사실이다. 그러나 그런 경우의 비판, 공격은 진술의 형태로 이루어지는 것이 아니라 비유의 형태를 취하는 것이 바람직하다.

풍자문학에서 직접적 언술(言述)이 아니라 간접적인 기법이 이용되는 까닭은 단순하다. 많은 경우 시인이 아니꼽게 생각하는 대상은 한 시대와 사회에서 강한 힘을 가진 개인이거나 집단과 그 부수 형태인 제도나 규범들이다. 그들을 진술의 차원에서 공격하는 경우 작품들은 즉각 압수, 폐기되고 그 제작들은 연행, 구속될 위험에 노출된다. 시와 예술이 노려야 할 것은 이런 자살 특공대식 자기표출이 아니다. 이런 감각이 생산해 낸 전략의 결과가 풍자로 해석되어야 하는 것이다.

諷詩調가 3장 형식을 취한 것에 대해서도 이와 거의 같은 이야기가 가능하다. 諷詩調가 3행시의 형태를 이용한 것은 3행시가 한국 전통 시가를 대표하는 것으로 판단된 결과일 것이다. 새로운 시가운동이 국민문학의 자리에 오른 양식의 특성을 이용하는 것은 슬기로운 일이다. 그러나 이 경우에도 우리는 창작활동에서 기본교의 하나를 기억하고 있어야 한다. 모든 창작활동에서 형태는 묵수될 것이 아니라 새롭게 해석, 개척되어 나가야 한다. 국민문학파의 전례가 가리키는 바와 같이 3장 6구의 시조가 갖는 큰 틀은 긍정적으로 계승될 수 있다. 그러나 그 틀 속에 새로운 시로서의 호흡과 맥박은 끊임없이 재창조되어야 한다.

우리는 모처럼 시도되는 諷詩講 운동이 한국 현대시의 높은 산맥이 되고 푸른 강줄기를 이루어나가기를 희망한다. 이런 소망이 다소간 비판적인 생각을 토로하게 된 셈이다.

■ 시집 평설을 대신해서_諷詩調에 대한 사계의 견해

박진환의 3행 '諷詩調'에 대하여

최원규(충남대 명예교수)

최근 지속적으로 왕성하게 발표해온 박진환의 삼행시초 '諷詩調'야말로 괄목할만한 한국적 단형시다. 더구나 시대적 상황이 사회적으로 굵직한 이슈를 던져주었던 전변의 정치적 관심이 우리 모두를 끌어들이는 시기와 맞물렸기 때문이기도 하다. 이미 정권 교체에 따른 권력의 갈등에서 겪은 일이지만 대선과정에서 마지막까지 문제가 되었던 BBK 사건, FTA, 숭례문 복원, 대운하 찬반, 광우병 등으로 인한 촛불 시위 범람이 쓰나미처럼 휩쓸고 지나갔으며 아직도 그 여진이 계속되고 있다.

이렇게 불안한 계절에 시인은 이들의 갈등과 부조리를 외면하고 추상적인 언어를 기반으로 하는 사회적 연대감에서 벗어나 강 건너 불구경만이 순수의 미덕인가. 마땅히 지식인으로 가치판단이나 문화적 선악에 동참, 선도의 언어가 필요해진 것이 너무 당연하다. 하물며 시는 시인끼리 담을 쌓고 그 속에 안주해 있는 모습에서 벗어나 시민과 동참 동행하는 시민의식이 필요하다.

이미 우리 시의 역사 속에서도 한용운, 이육사, 윤동주 그들의 평가에서 볼 수 있듯이 그들의 시에서 우리의 의지와 나라를 걱정하는 애국시가 용솟음치기도 하였다. 그런 점에서 이 시대 박진환의 諷詩調야말로 우리 시단의 중요한 뇌관을 건드린 사건이라고 판단된다.

諷詩調는 삼행이라는 점에서 시조와 같으나 구조나 형태적 특질이 시조의 틀을 벗어났을 뿐만 아니라 어귀나 비유법의 방법을 시조와 달리한다. 한편 화제가 되고 있는 시대적 상황을 직접적인 논의와 평가를 요구하며, 아이러니, 패러독스, 유머로 수용한다. 요컨대 박진환의 '諷詩調'는 업투데이트한 시대적 사회시를 전제한다. 그러므로 그의 '諷詩調'는 작중 인물들의 선행이나 악행의 전제를 제시하며 마지막 행에 이르러서는 개선이나 선과 악의 가치판단의 동참을 요구한다.

박진환의 '諷詩調'는 악과 사의 교정을 위한 화해적 개선이라는 점에서 꼬집고, 비꼬고, 깎아내리고, 비아냥하고 비판, 고발, 폭로를 시의 바탕으로 삼되 마지막 의도는 '순수한 통장'을 감행함으로써 풍자시보다는 한 차원 높은 시적 장치를 갖추고 있다는 점에 주목한다.

박진환은 엄격하거나 거창한 테마를 희극적으로 처리하거나 재미와 멸시, 분노와 냉소의 태도를 환기시킴으로써 그것을 약화시키는 기법을 사용한다. '웃음을 무기로 사용하고 작품의 외부에 존재하는 과녁을 겨냥한다. 그 과녁은 개인적인 일일 수 있고, 어떤 계층이나 제도나 국가나 인류 전체에게까지 할 수 있다'라고 전제한다.

 요컨대 화자가 단정하는 외견상 주장과 속으로 의도하고 있는 의미가 서로 다른 진술을 할 때 그 진술은 태도나 평가를 명백히 표현하지만 그것과 매우 다른 태도나 평가를 함축하고 있는 것을 포함하는 것이 아이러니의 기술이라고 보았을 때 박진환의 '순수한 통징'을 암시한다. 발음이 같고 흡사하지만 의미는 전혀 다른 같은 소리에 다른 의미를 갖는 말들은 때로 읽는 이에게 가치판단의 격정적인 한편으로 기울게 하기보다 그것을 유보하며 역지사지(易地思之)의 공평성을 유발시키고 화해성을 유도한다.

 박진환은 시적인 재담(equivoque)도 있고 때로 언어유희(pun)도 있지만, 그것들은 읽는 이로 하여금 간담이 서늘해지는 경지까지 유발한다. 때로는 '삶 속의 죽음'이나 '쾌락의 고통', '사랑의 증오'들처럼 메타피지컬포에트(Metaphysical poets)들이 사용한 흔적에 영향되었다고 할 수 있으나 박진환의 경우 경고성의 환기에 더 치중함을 볼 수 있다.

 마침내 풍(諷), 시(詩), 조(調) 각개의 문자 의미의 내부를 탐색할 때 모두 언(言) 말씀이 들어있다. 말씀[言]은 글[文]과 구별된다. 글은 논리와 절제를 요구하지만 말[言]은 흘러가는 물과 같이 지형이나 지세에 따라 형태가 변하며 응집한다. 그러므로 흐름의 방향은 같지만 물줄기는 즉흥적이며 당대의 상황에 따라 전변한다.

 말씀[言]은 바람[風]과 절[寺]과 두루할 주(周)를 더하여 동서남북, 종횡무진, 당대를 섭렵한다. 그리하여 박진환의 '諷詩調는 마침내 세상사의 이야깃거리의 중심부에서 주제할 수 있는 정세의 총화와 전환을 암시한다.

　박진환의 諷詩調가 꼭 3행이어야 하는가의 문제에 대하여 신중히 생각해야 한다. 다만 어느 민족이고 그 민족의 정서적 흡인력에 의하여 자연 발생적으로 생겨난 정형적 틀이 있어 왔다. 가령 당시(唐詩)의 4언 또는 7언 절시나 영시의 4행시(quatrain), 이행연귀(couplet), 14행시(sonnet) 모두 각운 구조로 결합된 강약음보격의 시행으로 되어 단일시귀(stanja)의 서정시인데 우리의 고유 문학형태의 시형(시조)들이 3장 6귀의 원칙을 고수한 것은 민족적인 고유성과 기풍(Ethos)에 의한 것이라고 믿는다. 다만 박진환의 경우 꼭 우리의 시조를 의식한 3행시는 아니지만(사실 시조와는 그 정형시로 의미구조의 잣대에 맞지 않음) 정형시로서 규율에 맞는 것이 아닌 자유시로서의 의미를 더욱 확대한다.

　외형상 3행시로 처리한 것은 압축과 긴장미의 효과를 살리며 음수율에서 체험할 수 없는 탄력을 보여준다.

　그리하여 3행시는 우리에게 낯익고 우리 말의 생태적 관습의 순리에 수용된다. 또한 시의 자연스런 형태의 공감이 일반화되었기에 박진환 삼행시가 우리 시단의 충격파를 더해 간다고 생각된다. 그의 3행 諷詩調의 창출은 우리 시문학사의 새로운 원형을 배가시킨 원동력이 될 것이며, 한편 시적 표현 미학에서 잡다한 외래적 수용의 난맥상을 제압하는 데 주요한 길잡이가 될 것이다.

박진환의 3행 '諷詩調'는 시조(時調)와 동자이의어(同字異義語)로 우리에게 새로운 정형성의 모델을 제시한다. 그러므로 우리 현대시가 지닌 무모한 율격이나 시적 주제의 미숙성 또는 혼미성을 극복하는 데 따른 주제시로서 확실한 언덕이 형성된 셈이다.

■ 시집 평설을 대신해서_諷詩調에 대한 사계의 견해

풍시조 읽기

문효치(전 문협 이사장)

 박진환 시인의 諷詩調를 읽었다 풍시조(諷詩調)라는 낯선 이름에 대하여 저자는 풍자시를 줄여 풍시라 하고 거기에 무슨무슨 투나 태도의 뜻으로 조(조,調)를 붙였노라고 설명하고 있다. 그러니 諷詩調의 본질은 풍자시일 듯하다.
 우선 재미있다. 식상한 이미지들의 나열이나 아니면 거의 산문화 되어버린 요즘의 시들에 입맛을 잃었는데 이 諷詩調는 매우 신선한 재미를 느끼게 해 준다.
 세상은 부조리와 불합리와 부정 불의 등으로 가득 차 있다. 이러한 세태가 우리를 짜증나게 하고 화나게도 한다. 살맛을 잃게 한다. 정말 살맛을 잃게 하는 재미없는 제재를 박진환 시인은 재미있는 시로 만들고 있다.

 핵, 우리도 그간거있어 펑펑터지는 국제특허품 不字標 핵 있어
   불평등·불공평·부조리·부정부패·부동산 투기까지

건들면 폭발하는 순 국산 不字標 핵 있다고, 까불고 있어
— 「까불고 있어」 전문

불평등 불공평 부조리 부정부패 부동산 투기 등 우리사회에 만연한 부정적 요소들, 이것들은 가히 우리 사회를 파괴시킬 만한 위력을 가지고 있다. 정말 심각한 문제다. 이런 사항들을 '不字標핵'으로 둘러댄 그 재치가 재미있다. 그래서 이 시를 보면 일단 웃음이 난다, 진짜 핵을 '그깐거' 라고 대수롭지 않은 존재로 봄으로써 '不字標 핵의 위험성을 한껏 고조시켜 놓았다. 내용은 매우 심각한 문제성을 가지고 있지만 표현된 말들은 우리를 재미있게 해 준다.

'까불고 있어'라는 끝절은 상대방(진짜 핵을 가진 자)에게 눈을 흘기며 짐짓 어깨를 으쓱거리는 모습을 떠올리게 해 준다. 다소 장난기가 보이는 모습을 연상하면서 시인의 재치를 다시 한번 실감케 해 준다.

이러한 부조리 불합리한 사태를 능란한 솜씨로 비꼬고 농락함으로써 독자들은 후련한 카타르시스를 느낀다. 내가 미처 하지 못한 앙갚음을 대신 갚아 주는 것 같기도 하고 어쩌면 내 심정을 잘 알아주는 것 같기도 하다.

이 책은 멸시 분노 증오의 정서를, 비꼼 냉소 조소 조롱 역설 등의 언사로 가득 채워 놓았다. 그러나 궁극으로는 교정·교훈의 의지가 숨겨져 있다.

뭐라구라우, 사람 낳고 돈 낳제 돈 낳고 사람 낳다구라우

>   허허 이 양반 순 구식이네
>   신식으론 돈 낳고 사람 낳제, 사람 낳고 돈 낳고가 아니여
>   ―「뭐라구라우」 전문

  돈 낳고 사람 낳은 것은 불변의 진리이다. 그러나 신식으로는 돈 낳고 사람 낳았다고 큰소리친다. 그러나 이것은 역설이다. 화자가 진짜로 하고 싶은 말은 이른바 구식인 '사람 낳고 돈 낳다'는 말이다. 이것이 뒤집힌 세상, 전도된 가치에 대해서 일갈하고 꼬집은 것이다. 그리고 그에 대한 반성과 교정을 꿈꾸고 있는 것이다.
  삼행으로 압축한 단아한 모습의 시형에도 주목하고 싶다. 말 그대로 촌철살인의 짤막한 말이 감동을 준다. 요즈음 장황한 수다를 늘어놓는 시들이 범람하면서 이렇게 간결한 시들이 그리워진다.

>   나라님 물러나면 낙향하여 통나무집 짓고 시나 쓰며 살겠단 말
>   아무래도 허사같다. 시는 말을 아끼고 줄이는 언어경영인 것을
>   저리 말이 헤퍼서야 어찌 말의 진수에 닿을 수 있을지
>   ―「아무래도 허사 같다」 전문

  듣기 좋은 수다로 대중들을 현혹하며 실천보다는 말을 앞세우는 정치인을 비꼬며 질타하고 있지만 한 편 짤막한 시론을 엿볼 수 있는 시다. 그렇다. 시는 '말을 아끼고 줄이는 언어경영'인 것이어서 '말이 헤퍼서'는 안 될 일이다.

삼행은 우리의 눈에 익숙하다. 어려서부터 시조를 읽고 배워왔기 때문이다. 물론 시조의 형식에 맞춰 음수율을 조절한 것은 아니지만 그 속에 기승전결의 구조를 가진 것들이 많은 것도 이해하기 쉬운 대목이다.
 지금이 바로 이러한 시들이 필요한 시대인 것 같다. 잡지마다 넘쳐나고 있는 산문조 요설이 시성(詩性)을 잠식하고 있고, 그리고 비꼬고 조롱하고 비난하고 질타해야 될 일들이 많은 세상일수록 그러한 세태를 지적하고 경계하며 교정해야 하기 때문이다. 시가 궁극적으로는 인간을 위하고 옹호하는 것이라면 시가 이러한 일에도 적극 관심을 가져야 할 것으로 생각한다.

■ 시집 평설을 대신해서_諷詩調에 대한 사계의 견해

諷詩調에 나타난 형이상시의 수사법

최규철(시인·문학평론가)

들어가는 말

어느 사회학자는 '농경사회의 삶이 시간 잉여(時間剩餘)의 시대였다면 오늘날과 같은 정보화 사회는 시간 기근(饑饉)의 시대라'했다. 그것은 그 정도로 오늘의 시대가 시간에 쫓기며 살아가는 고속화 시대를 맞이하고 있다는 것이다. 따라서 이러한 고속화 사회에 사는 현대인들의 문학작품에 대한 선호도도 역시 장편소설보다는 단편소설을, 장시보다는 단시를 더 선호하는 경향이 있다. 특히 시에 있어서 현대인들의 구미에 맞는 시는 짧으면서도 그 속에 다분한 내용을 함축함으로써 큰 감동을 주는 시라 하겠다. 이런 시대적 요구에 부응하는 시가 바로 박진환 시인이 착안하고 시운동을 전개하고 있는 諷詩調이다.

諷詩調의 기법은 형이상시의 레토릭(rhetoric)과 흡사한 면이 많다. 컨시트의 기발한 지적 놀라움, 서로 상반된 양극화의 결합과 그 조화, 역설과 반어(反語), 시의 순수한 통징을 통한 내적 울분의 해소와 사회 구조악(構造惡)의 개선 등이 바로 그것이다.

특히 3행시의 짧은 글 속에 함축된 내용과 그 여운을 담기 위해서는 압축적이고 생략적인 구문이 필요하다. 따라서 각 행의 전환 및 반전이 빠르게 전개되는 특색이 있다. 이것은 양극화의 긴장이 팽팽할수록 행과 행의 전환속도가 빠르고 생략과 압축의 미학이 더욱 살아난다.

필자는 그동안 지면을 통해서 3. 4회에 걸쳐 언급해온 諷詩調 시학에 대한 이론을 총괄하고 종합하여 주로 諷詩調의 형이상시적 유사성과 레토릭(rhetoric) 기법의 측면에서 접근해 보고자 한다.

1. 諷詩調의 순수한 통징

諷詩調는 일종의 풍자시의 성격을 띤 시라 하겠다. 풍자시의 사전적인 정의는 부정부패와 비리 현상과 모순 등을 다른 사물에 비유하여 폭로와 공격 일변도의 시를 말한다. 즉 풍자시라고 하는 한자가 풍자할 풍(諷) 찌를 자(刺)로 명시한 바와 같이 모든 죄악상을 어떤 사물로 빗대어 찔러 고통을 가하게 하는 일종의 보복성을 뜻하는 성격을 내포하고 있는 시가 대부분이다. 그러나 諷詩調에서 말하는 순수한 통징의 주된 목적은 諷詩調를 통해서 죄의 아픔을 느끼게 할 뿐만 아니라,

뉘우치고 돌이켜 새롭게 변화하게 하는 데 주력하는 시의 기능을 말한다. 다시 말하자면 죄의 부패성에 대해서 단순히 찌르고 고통을 가하게 하는 데 그치는 것이 아니라 메스를 가하고 수술을 함으로써 병을 낫게 하는 데 그 목적이 있음을 말한다.

그러나 여기서 주의 깊게 보아야 할 것은 수술을 가하되 고통을 없애게 하기 위해 마취제를 동시에 투여하는 방법을 취하고 있다는 사실이다. 즉 유머를 통해서 웃음을 주고 즐거움을 줌으로써 그 고언을 달게 받아들이고 소화시킬 수 있는 기능을 지녔다는 것이다. 諷詩調의 통징이야말로 우리의 뇌에서 일종의 모르핀이나 엔도르핀과 같은 호르몬을 분비하게 함으로써 무통수술을 하게 하고 오히려 미묘한 시적 희열을 주게 하는 절묘한 수술비법을 의미하고 있다. 諷詩調의 작가들은 이런 諷詩調의 순수한 통징의 특성을 숙지하고 이러한 순수한 통징의 기능을 살리는 데 노력해야 할 것이다. 諷詩調에서 이러한 순수한 통징이 살아있지 못한다면 그것은 諷詩調로서의 시적 역할을 다한 시라 볼 수가 없다. 諷詩調의 생명이 바로 여기에 있다 할 수 있기 때문이다.

참으로 諷詩調의 순수한 통징이야말로 오늘과 같은 종말론적인 징조를 토로하고 인류의 구원을 갈구하게 하는 시대적 사명의 성격을 띤 시라 하겠다. 현대사회는 갈수록 첨예한 양극화 조성으로 인한 양자구도의 대립상이 심화되고 있다. 오늘날 정치 경제 사회 문화 전반에 걸친 인류사회의 갈등과 분쟁이 바로 이런 극단적인 양극화 현상에서 오는 결과라 하겠다. 그렇다면 현대시가 어느 때까지 이를 외면하고 오히려 음풍농월(吟風弄月)만을 일삼아야 하겠는가. 시가 인생문제로 깊이 들어가서 이런 양극화 문제를 해소하고 하나로 융합하는 화해와 일치의 시학으로 발전해가야 할 것이 아닌가. 그러한 의미에서 諷詩讕 운동의 필연성이 강조된다.

더욱이 환경오염으로 인한 생태계의 훼손과 대기오염으로 인한 오존층의 파괴, 그리고 지구 온난화에서 발생하는 엘니뇨현상 등으로 인류의 생존 문제에 심각한 적신호가 켜있다. 이런 각박한 상황에서 탈출하기 위한 녹색시학 운동의 전면에 諷詩讕가 자리하고 있음을 알 수 있다.

시인은 예언자적인 예리한 눈을 가지고 미래사회의 변화를 직시하면서 오늘의 잘못된 과오를 지적 감동을 통해서 깨닫게 하는 순수한 통징에 무한한 관심을 쏟아야 한다.

> 세상이 왜 이러나 유행병처럼 자살·자살·자살
> 마음 한 번 고쳐먹으면 살자·살자·살자가 되는데
> 뭐 그리 좋은 거라고 일편단심 자살이람
> — 박진환의 「뭐 그리 좋은 거라고」

한국인의 자살률이 OECD 30개 회원국 가운데 1위를 기록하는 불명예를 안고 있다. 연예계의 인기 스타들과 대기업의 총수들이 잇따라 자살을 하고 심지어 전직 대통령까지도 스스로 목숨을 끊음으로써 사회적 충격이 크다.

박진환 시인의 諷詩調「뭐 그리 좋은 거라고」는 1행의 '자살·자살·자살'이라고 하는 부정적인 죽음의 개념과, 2행의 '살자·살자·살자'라고 하는 긍정적인 생명의 개념을 양극구도로 서로 거꾸로 뒤집어 대치해 놓음으로써 기발한 위트와 유머를 돋보이게 한다. 이러한 諷詩調의 기능이야말로 격한 자살충동을 완화시켜 줄 뿐 아니라 생에 대한 강력한 의욕까지도 유발하게 하는 시적 감동을 가능케 한다. 여기서 諷詩調의 풍자 속에 담고 있는 간절한 회심에의 바람이 '마음 한번 고쳐먹으면'이란 말로 표현되고 있다. 이것이 바로 諷詩調가 지닌 순수한 통징의 힘이다.

> 피를 빨아 먹는 모기 잡는데 의견이 분분하다
> 정치가 어떻고 법이 어떻고 대통령이 어떻고
> 입으로 모기 잡나? F킬라를 뿌려야지
>   — 박진환의「입으로 모기 잡나」

이 시는 그 제목부터가 웃음을 터트리게 하는 유머가 있어 마음을 끈다. 이 시 속에 감추어 있는 암시성과 시사성(示唆性)이 모기와 F킬라라고 하는 기발한 메타포를 통해서 큰 감동을 준다. 정계와 법조계의 부패상을 바로잡는, 즉 '피를 빨아 먹는 모기를 잡는데'에는 입으로 하는 설왕설래(說往說來)로써는 근절될 수 없다는 것이다. 특히 수사법 중에서 변화법의 하나인 '입으로 모기잡나?'라고 하는 설의법으로써 F킬라라고 하는 정답을 독자에게 물어 찾아내게 하는 레토릭으로

써 스스로 개혁의지를 촉발하게 하는 순수한 통징이 돋보인
다. 찌르고 자르고 쪼게는 메스질이 가해짐에도 불구하고 뇌
에서 분비되는 모르핀을 통해서 즐거운 마음으로 웃고 수긍
이 가능케 하는 회심과 변혁의 비법이 있다.

2. 諷詩調가 갖는 컨시트의 특색

형이상시의 컨시트(奇想, conceit)는 형이상시의 특징 중에서
가장 중요한 특징의 하나라 할 수 있다. 외견상 전혀 유사성
이 없거나 상반되고 양극화된 사물이나 상황들을 재치 있고
기발한 방법으로 결합하여 소위 사무엘 존슨(Samuel Johnson)
이 언급한 '부조화의 조화'를 이루게 하는 비유적인 수사법을
말한다.

그러나 諷詩調에서 보여주는 컨시트의 특색은 형이상시에
서 말하는 그것과는 사뭇 다른 양태의 컨시트를 볼 수 있다.
3행시 구문의 생략적인 특성 때문에 행과 행, 낱말과 낱말,
심지어는 문자와 문자로부터 서로 상반된 사물이나 개념의
명칭과 발음 등을 찾아내고 거기서 특별한 의미성을 유추하
여 또 다른 의미를 창출해내는 언어유희적인 기발한 컨시트
를 선보이고 있다. 이런 관점에서 볼 때 諷詩調의 컨시트는
단순히 두 가지 사물이나 개념을 교묘하게 결합하여 뜻밖의
유사성을 찾는 기존의 형이상시의 컨시트와는 다른 특성을
지니고 있다고 하겠다.

>   대통령 국정평가 잘했다가 44.2% , 못했다가 41.1%
>   막상막하, 정치란 게 그래
>   上 뒤집으면 下 되고, 下 뒤집으면 上 되거든
>   ― 박진환의 「物神時代·216」

 국민이면 누구나 알게 모르게 다 정치에 젖어 살면서 나름대로의 정치철학, 내지 생활철학을 가지고 있다. 그래서 3행에서 '정치란게 그래'라 토로한다. 이런 지적 깨달음을 풍자적으로 소화시켜 표현하기란 그리 쉬운 일은 아니다. 이런 이유 때문에 민감한 사안을 받아들여 유머로 웃어넘길 수 있고, 감동 받아 깨달음을 갖게 하는 諷詩調의 기법에 주목할 수밖에 없다. 그래서 諷詩調가 지적이며 문화적인 통징을 가져오게 하는 첩경이라 여겨진다.

 이 시에서 놀라운 기지의 발산은 2~3행에 있다.'막상막하, 정치란게 그래 / 上 뒤집으면 下 되고, 下 뒤집으면 上 되거든'에서 '막상막하(莫上莫下)'의 上과 下의 문자를 세웠다 뒤집었다 하면서 요동치는 정치판의 불안정성을 꼬집는, 재기(才氣)가 번뜩이는 컨시트를 선보이고 있다. 여기서 다만 上·下라고 하는 양극성의 문자를 가지고 세웠다 뒤집었다 하면서 엉뚱하게 결합한 결론이 「정치란게 그래」로 귀결한다. 이렇게 諷詩調의 컨시트는 동떨어진 개념이나 이미지를 결합하는 데 그치는 것이 아니라, 서로 상반된 단순한 두 개의 문자로써 새로운 제3의 개념을 형성하게 한다. 이런 관점에서

諷詩調의 컨시트는 보다 다양하고 발전된 성격의 것이라 볼 수 있다.

>박지성·박주영의 꼴은 오 코리아
>OECD국 중 환경평가 맨 꼴찌의 꼴은 어이쿠 코리아
>둘 다 꼴은 꼴이다마는 뒤에 꼴은 노꼴만도 못해서
> ― 박진환의「物神時代·191」

지금 지구촌은 환경오염으로 인해서 점차로 죽어가고 있는 실정인데 우리나라가 OECD국 중에서 환경평가 최하위라 한다. 이 시에서는 이런 실정을 풍자적으로 꼬집고 있는데, 1~2행에서는 축구의 '꼴인'과 환경평가의 '꼴찌'란 서로 유사성이 없는 언어들을 관련 지워 '오 코리아'와 '아이쿠 코리아'라는 서로 반대되는 개념의 언어로 대비시켰고, 3행에서는 꼴찌의 '꼴'을 '노꼴'이라는 상충·상반되는 개념과 연관시킴으로써 '둘다 꼴은 꼴이다마는 뒤엣 꼴은 노꼴만도 못해서'라는 순발력 있는 기지(wit)를 보여준다. 동시에 더 나가서는 축구의 '꼴'과 환경평가 꼴찌라는 '꼴'의 두 글자들을 교묘하게 결합한 諷詩調의 컨시트의 진수를 보여주고 있다.

3. 諷詩調의 양극화 기법

또 한 가지 諷詩調에서 가장 두드러지게 나타나는 특징 중의 하나가 양극화 현상이다. 그러기 때문에 諷詩調의 컨시트

는 동떨어지고 상반된 가장 먼 거리의 양극성을 폭력적으로 결합하는 과정이나 패러독스와 아이러니의 양면성에서 오는 강한 텐션이 諷詩調로 하여금 그만큼 응축된 의미의 비유가 되게 한다.

> 걸핏하면 여·야 율사들 발목잡느니, 발목잡히느니 해쌌는디
> 뿌리치고 혼자만 가려고 하니 그러지, 동행해봐, 왜 발목잡나
> 잡혀 부러지면 목발신세 못면해, 발목 거꾸로 해봐 목발이지
> ― 박진환의 「발목 거꾸로 하면 목발이지」의 전문

분쟁과 불화의 결과가 발목이 목발로 바뀌는 기발한 발상, 곧 생명체를 비생명체로 둔갑시키는 대담한 컨시트의 수사법이 놀라움을 준다. 그 외에도 여·야 율사들, 발목잡느니 발목잡히느니, 발목과 목발 등의 양극화가 이 諷詩調 전면에서 팽팽한 긴장을 조성시켜주고 있다, 거기다가 본래 여·야가 대치하는 정치구도, 그것만으로도 양극의 역학관계를 유지하는 긴장상태인데 여기에 분쟁과 충돌이 생기면 발목이 목발이 되는 더욱더 팽팽한 긴장관계를 촉발한다. 그래서 이 諷詩調는 웃기면서도 여·야가 정치적 협력관계를 잘 유지해야만 나라가 산다는 통징적인 메시지도 담고 있는 시이다.

> 악법·약법, 청문회, FTA로 여·야 붙어도 한판 크게 붙겠다
> 탓하지 말 것이 싸워야 국회답지 잠잠하면 그게 더 두려워
> 마찬가지야, 아이들도 싸움질하면서 크지 않던가

— 박진환의「아이들도 싸우면서 커」

이 諷詩調는 빈번히 일어나는 국회의원들의 성숙하지 못한 의결과정에서의 난투극을 한 마디로 꼬집은 시이다. 아이들이 싸우면서 커가듯이 국회의원들도 싸우면서 커가야만 하는가 하는 시인의 통탄이 곁들어있는 시이다. 가장 성숙해야 할 국회의원들과 가장 성숙하지 못한 나이인 어린이들의 양극현상을 동류부류로 간주하여 이질성 속의 유사성을 찾는 시인의 기지가 번쩍인다. 여기에는 양극간의 이질성이 유사성으로 바뀌는 과정에서 서로 잡아당기는 강력한 텐션도 드러나 있다. 「싸워야 국회답지」에서는 국회가 싸움판이 되어서야 되겠는가 하는 아이러니의 성격을 띤 레토릭도 있고 국회가 변화되기를 촉구하고 갈망하는 통징도 들어있다.

4. 諷詩調의 구조와 그 전환속도

형이상시에서와 마찬가지로 諷詩調에서도 생략된 구문을 씀으로써 의미의 탄력과 밀도를 더하게 하고, 또한 집약적 표현으로써 시의 단축을 꾀하는 기법을 강조한다. 그 결과 시 전개과정에서 그 전환 속도가 빨라지기 마련이다. 그래서 시의 구조가 3행시로 되어 있고 따라서 행의 길이가 짧으면 짧을수록 생략적 효과가 살아나서 함축성이 있는 시가 된다.

諷詩調는 평시조(平時調)와 같은 초장 중장 종장의 3행 형식의 구조이면서도 3장 6구 12음보의 정형시에 매이지 않은 자유시요, 동시에 평시조보다 더 빠르고 생동감이 있는 기승전결(起承轉結)의 전개가 있다. 따라서 諷詩調의 함축성과 텐션을 살리기 위해서는 될 수 있는 대로 행의 자수(字數)를 줄이고 생략하는 것이 좋다.

> 침묵이 金이라고? 순 구식
> 요즘 세상에선 말 잘해야 출세해
> 신식으론 침묵은 禁이야
> — 박진환의「침묵은 禁이야」

 1행의 金이 3행에서는 禁으로 바뀐다. 1행에서 침묵은 金이란 말은 구식이요, 3행에서는 침묵이 禁이란 말로 바뀐 것이 신식이라는 것이다. '요즘 세상에선 말 잘해야 출세해'라는 새로운 진리(?)를 발견하고 시대와 더불어 급속히 변하는 처세술의 격세지감을 실토한 시라 하겠다. 또 이 시 속에는 침묵이 금(金)이었던 옛 시대가 참이요 말을 잘해야 출세한다는 현 시대가 잘못된 것이라는 시사성(示唆性)이 들어 있다. 諷詩調가 그 짧은 시로써 현시대의 많은 모순과 부조리를 다 압축하여 표현할 수 있는 것은 오로지 3행시 속에 짧은 행으로 모든 것을 소화시킬 수 있는 수용성(受容性)과 빠른 전환기능을 지탱할 수 있는 메커니즘에서 온 것이다.

> 銅臭에 코피터진 놈이

> 銅醉로 게워내는 주정
> 뭘 쳐다봐, 너나 나나 다를 것이 없는데
> — 박진환의 「物神時代·68」

이 시는 銅臭와 銅醉를 병치하고 3행에서 '뭘 쳐다봐, 너나 나나 다를 것이 없는데'로 동류화(同類化)시킨 해학적인 기법이 눈을 끈다. 銅臭란 말의 뜻은 돈으로 출세를 하려고 하거나 모든 것을 해결해 보려고 하는 물신주의자들을 낮잡아 하는 말인데 오늘날은 술로써 출세를 하려고 하거나 모든 문제를 해결하려고 하는 銅醉도 많다는 것이다. 銅臭와 銅醉의 내용이 담고 있는 절묘한 조화가 압축되어 이 짧은 諷詩調 한 편을 창구로 하여 오늘의 모든 시대상을 한 눈으로 볼 수 있다.

그러나 풍조시에서 행의 자수를 줄이고 표현의 생략적인 효과를 극대화하려는 경제적인 언어구사는 아무나 할 수 있는 것이 아니다. 허다한 諷詩調에서 발견할 수 있는 것은 행이 짧으면 그 표현과 의미성도 부실한 경우가 많다는 것이다. 따라서 諷詩調는 자수(字數)를 최소화하면서도 그 함축성을 최대화할 수 있는 기법이야말로 바로 諷詩調의 완성도를 높이는 첩경임을 알게 된다.

맺는 말

이상과 같이 諷詩調에서 보이는 수사법상의 기법이 형이상시의 그것과 유사한 점이 많다는 것을 알 수 있다. 그러나 그 구조적인 측면에서 볼 때 형이상시보다는 시가 짧고 컨시트도 형이상시보다는 언어유희의 측면에서 독특하고 문자유희의 면에서도 독보적인 경지를 보이고 있는 시라는 것이다. 諷詩調의 대부분이 명확한 양극화 구조로 되어 있고 상반되고 동떨어진 개념이나 사물을 결합하여 부조화의 조화를 이루고 있다. 또한 3행시의 짧은 시로서 생략적이고 압축적인 기법을 통해서 고도의 밀도감을 조성하기 위해 언어와 언어, 행과 행을 교합하여 전개되는 전환속도가 유달리 빠른 것도 그 특징 중의 하나라 하겠다. 이런 시의 특징 때문에 앞으로 諷詩調가 우리나라 문학의 한 장르를 이루고 발전하여 보다 큰 문학성을 발휘하는 날을 기대하여 마지않는다.

조선문학사시인선 924

諷詩調詩集 · 433

도치통사초 · 3

2024년 9월 5일 인쇄
2024년 9월 15일 발행

지은이 / 박진환
발행인 / 박진환
펴낸곳 / 조선문학사
등록번호 / 1-2733
주소 / 03730 서울 서대문구 통일로 389(홍제동)
전화 / 02-730-2255
팩스 / 02-723-9373
E-mail / chosunmh2@daum.net

ISBN 979-11-6354-294-0

정가 10,000원

※ 인지는 저자와 합의 하에 생략
※ 잘못된 책은 서점에서 교환해 드립니다.